Impressum
Verlag: BABADADA GmbH, Nedderfeld 112 , 22529 Hamburg
Geschäftsführer / Verlagsleitung: Harald Hof
Druck: Books on Demand GmbH, In de Tarpen 42, 22848 Norderstedt

Imprint
Publisher: BABADADA GmbH, Nedderfeld 112 , 22529 Hamburg, Germany
Managing Director / Publishing direction: Harald Hof
Print: Books on Demand GmbH, In de Tarpen 42, 22848 Norderstedt

школа
σχολείο

класна кімната
σχολική τάξη
ділити
διαιρώ
186/2
дошка
πίνακας
шкільний двір
σχολική αυλή
вчитель
δάσκαλος
папір
χαρτί
писати
γράφω
ручка
στυλό
письмовий стіл
γραφείο
лінійка
χάρακας
книга
βιβλίο
учень
μαθητής

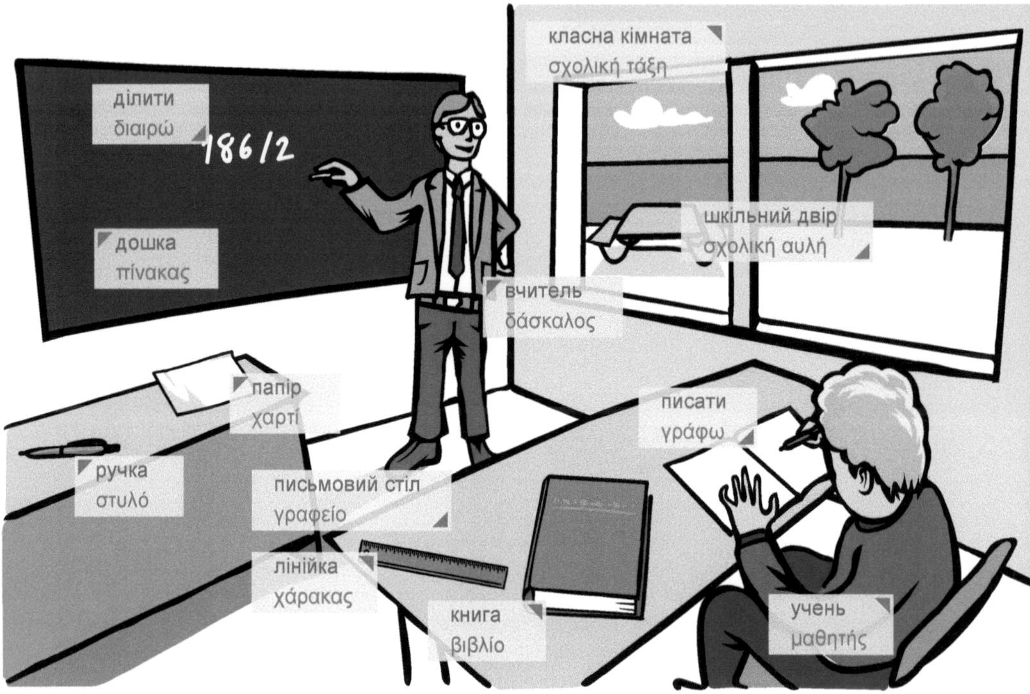

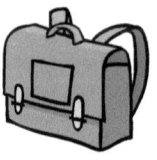

ранець

σχολική τσάντα

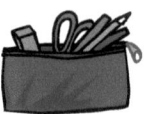

пенал

κασετίνα/ μολυβοθήκη

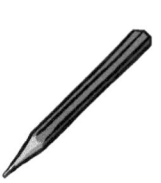

олівець

μολύβι

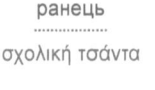

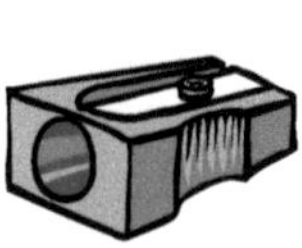

точило

ξύστρα

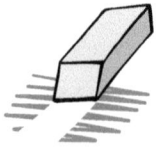

гумка

γόμα

альбом для малювання

μπλοκ ζωγραφικής

малюнок

ζωγραφική

пензель

πινέλο

коробка фарб

κουτί χρωμάτων

ножиці

ψαλίδι

клей

κόλλα

зошит

τετράδιο ασκήσεων

домашнє завдання

εργασία για το σπίτι

число

αριθμός

додавати

προσθέτω

віднімати

αφαιρώ

множити

πολλαπλασιάζω

рахувати

υπολογίζω

літера

γράμμα

абетка

αλφάβητο

слово

λέξη

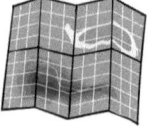

текст
κείμενο

читати
διαβάζω

крейда
κιμωλία

година
μάθημα

класний журнал
εγγράφομαι

екзамен
τεστ

диплом
πιστοποιητικό

шкільна форма
μαθητική στολή

освіта
εκπαίδευση

лексикон
εγκυκλοπαίδεια

університет
πανεπιστήμιο

мікроскоп
μικροσκόπιο

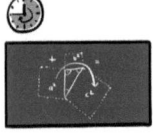

карта
χάρτης

кошик для паперу
καλάθι αχρήστων

подорож
ταξίδι

готель
ξενοδοχείο
турбаза
ξενώνας
обмінний пункт
ανταλλακτήρια συναλλάγματος
валіза
βαλίτσα
автомобіль
αυτοκίνητο

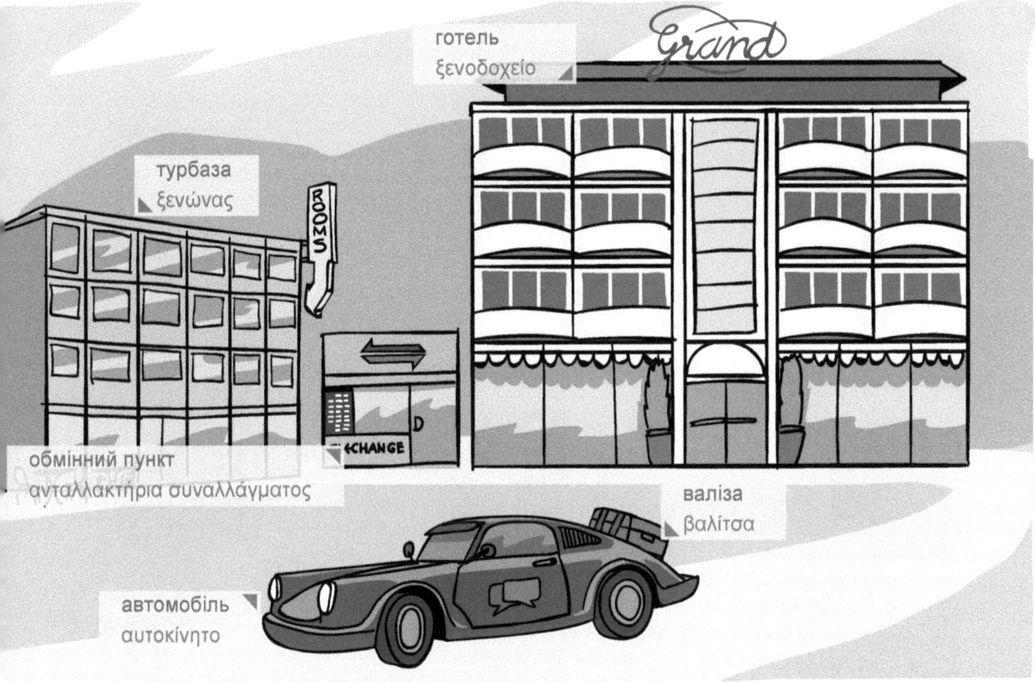

мова

γλώσσα

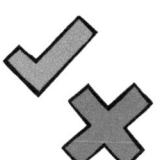

так / ні

ναι / όχι

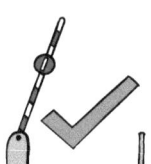

добре

εντάξει

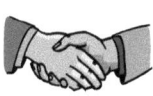

привіт

γεια σου

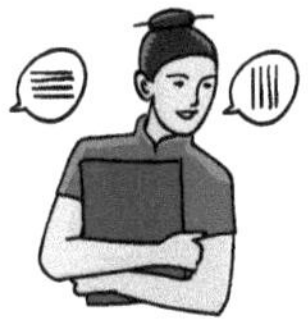

перекладач

μεταφραστής

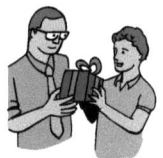

дякую

Ευχαριστώ

Скільки коштує ...?

πόσο κάνει ;

Я не розумію

Δε καταλαβαίνω

проблема

πρόβλημα

Добрий вечір!

Καλησπέρα!

Доброго ранку!

Καλημέρα!

На добраніч!

Καληνύχτα!

До побачення

Αντίο

напрямок

κατεύθυνση

багаж

αποσκευές

сумка

τσάντα

рюкзак

σακίδιο πλάτης

гість

καλεσμένος

кімната

δωμάτιο

спальний мішок

υπνόσακος

намет

σκηνή

туристична інформація	пляж	кредитна картка
τουριστικές πληροφορίες	παραλία	πιστωτική κάρτα

сніданок	обід	вечеря
πρωινό	μεσημεριανό	δείπνο

квиток	ліфт	поштова марка
εισιτήριο	ανελκυστήρας	γραμματόσημο

межа	митниця	посольство
σύνορα	τελωνείο	πρεσβεία

віза	паспорт	
βίζα	διαβατήριο	

транспорт

μεταφορά

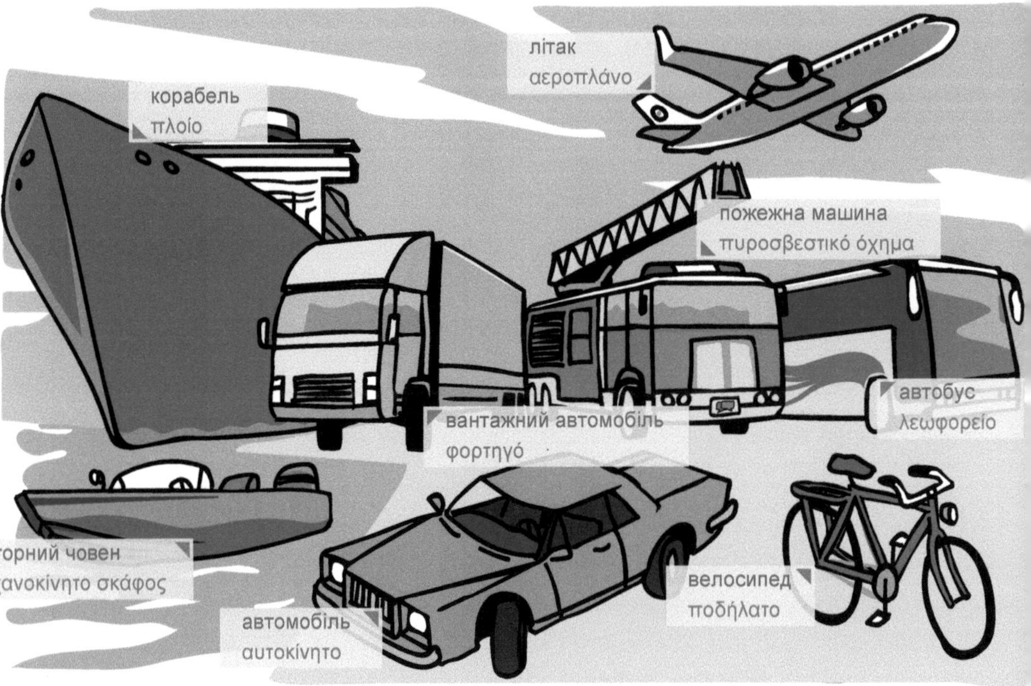
літак
αεροπλάνο
корабель
πλοίο
пожежна машина
πυροσβεστικό όχημα
автобус
λεωφορείο
вантажний автомобіль
φορτηγό
торний човен
χανοκίνητο σκάφος
велосипед
ποδήλατο
автомобіль
αυτοκίνητο

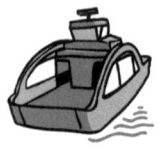

пором

φεριμπότ

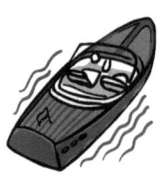

човен

βάρκα

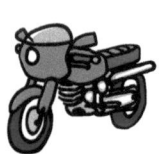

мотоцикл

μοτοσικλέτα

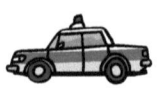

поліцейська машина

περιπολικό

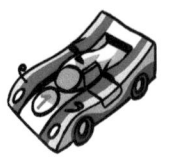

гоночний автомобіль

αγωνιστικό αυτοκίνητο

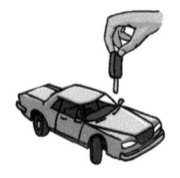

автомобіль на прокат

ενοικιαζόμενο αυτοκίνητο

спільне користування авто

διαμοιρασμός αυτοκινήτων

евакуатор

γερανός

сміттєвоз

απορριμματοφόρο

двигун

κινητήρας

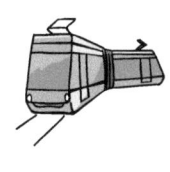

паливо

καύσιμο

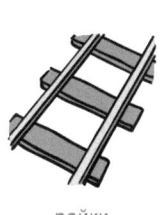

автозаправна станція

βενζινάδικο

дорожній знак

πινακίδα σήμανσης

рух

κυκλοφορία

затор

κυκλοφοριακή συμφόρηση

стоянка

χώρος στάθμευσης

вокзал

σιδηροδρομικός σταθμός

рейки

σιδηροδρομικές γραμμές

потяг

τρένο

трамвай

τραμ

вагон

βαγόνι

гелікоптер

ελικόπτερο

аеропорт

αεροδρόμιο

вежа

πύργος

пасажир

επιβάτης

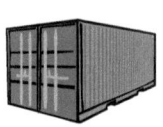

контейнер

εμπορευματοκιβώτιο

коробка

χαρτοκιβώτιο

візок

καρότσι

кошик

καλάθι

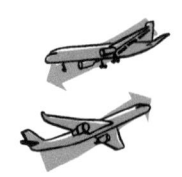

стартувати / приземлятися

απογειώνομαι /
προσγειόνομαι

місто
πόλη

село

χωριό

центр міста

κέντρο της πόλης

дім

σπίτι

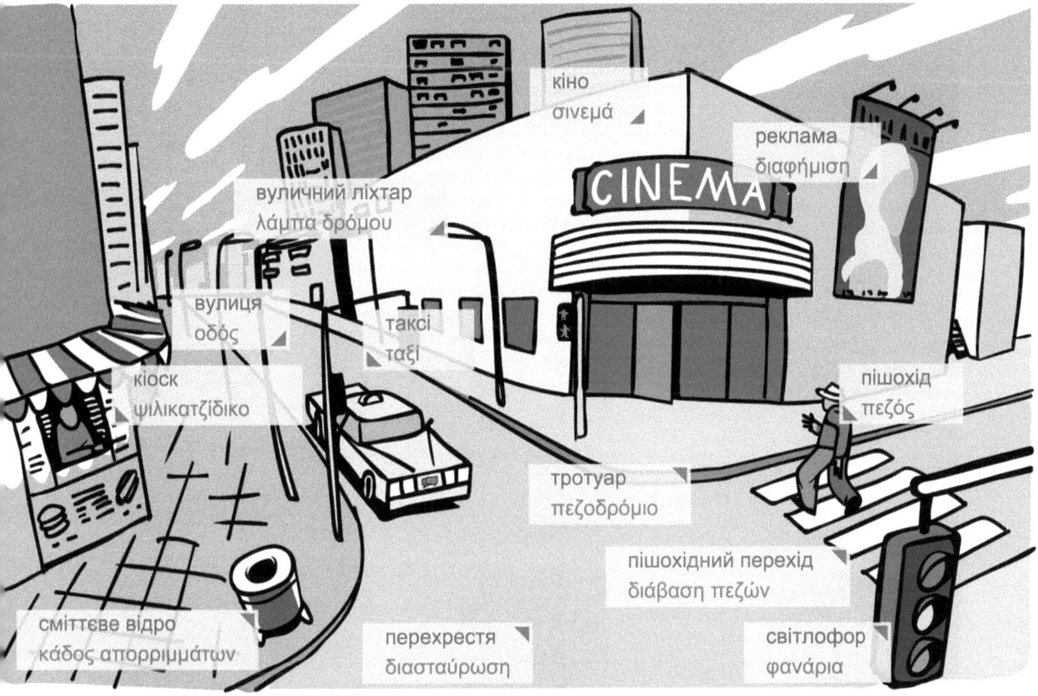

кіно
σινεμά
CINEMA
реклама
διαφήμιση
вуличний ліхтар
λάμπα δρόμου
вулиця
οδός
таксі
ταξί
кіоск
ψιλικατζίδικο
пішохід
πεζός
тротуар
πεζοδρόμιο
пішохідний перехід
διάβαση πεζών
сміттєве відро
κάδος απορριμμάτων
перехрестя
διασταύρωση
світлофор
φανάρια

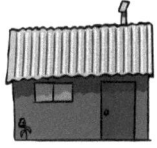

хатина

καλύβα

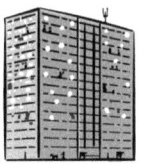

квартира

διαμέρισμα

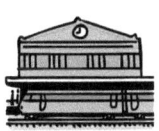

вокзал

σιδηροδρομικός σταθμός

ратуша

δημαρχείο

MUSEUM

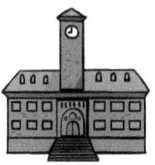

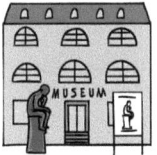

музей

μουσείο

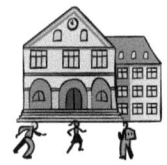

школа

σχολείο

університет
πανεπιστήμιο

банк
τράπεζα

лікарня
νοσοκομείο

готель
ξενοδοχείο

аптека
φαρμακείο

офіс
γραφείο

книжковий магазин
βιβλιοπωλείο

магазин
κατάστημα

квітковий магазин
ανθοπωλείο

супермаркет
σούπερ μάρκετ

ринок
αγορά

універмаг
πολυκατάστημα

торговець рибою
ιχθυοπωλείο

торговельний центр
εμπορικό κέντρο

гавань
λιμάνι

парк

πάρκο

лава

παγκάκι

міст

γέφυρα

сходи

σκάλες

метро

μετρό

тунель

τούνελ

автобусна зупинка

στάση λεωφορείου

бар

μπαρ

ресторан

εστιατόριο

поштова скринька

γραμματοκιβώτιο

вулична табличка

πινακίδα δρόμου

лічильник паркування

παρκόμετρο

зоопарк

ζωολογικός κήπος

басейн

πισίνα

мечеть

τζαμί

ферма

аγρόκτημα

забруднення навколишнього середовища

ρύπανση

кладовище

νεκροταφείο

церква

εκκλησία

дитячий майданчик

παιδική χαρά

храм

ναός

ландшафт

τοπίο

листок
φύλλο

вказівний стовп
πινακίδα κατεύθυνσης

шлях
δρόμος

луг
λιβάδι

камінь
πέτρα

мандрівник
πεζοπόρος

дерево
δέντρο

річка
ποτάμι

трава
χορτάρι

квітка
λουλούδι

долина
коιλάδα

гора
λόφος

озеро
λίμνη

ліс
δάσος

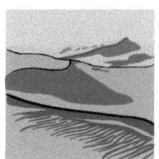

пустеля
έρημος

вулкан
ηφαίστειο

замок
κάστρο

веселка
ουράνιο τόξο

гриб
μανιτάρι

пальма
φοίνικας

комар
κουνούπι

муха
μύγα

мурашка
μυρμήγκι

бджола
μέλισσα

павук
αράχνη

жук

σκαθάρι

жаба

βάτραχος

вивірка

σκίουρος

їжак

σκαντζόχοιρος

заєць

λαγός

сова

κουκουβάγια

птах

πουλί

лебідь

κύκνος

кабан

αγριογούρουνο

олень

ελάφι

лось

άλκη

гребля

φράγμα

вітряк

ανεμογεννήτρια

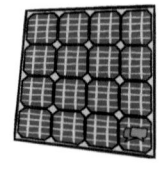

сонячний модуль

ηλιακός συλλέκτης

клімат

κλίμα

ландшафт - τοπίο

ресторан
εστιατόριο

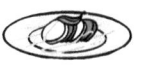

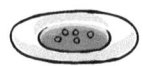

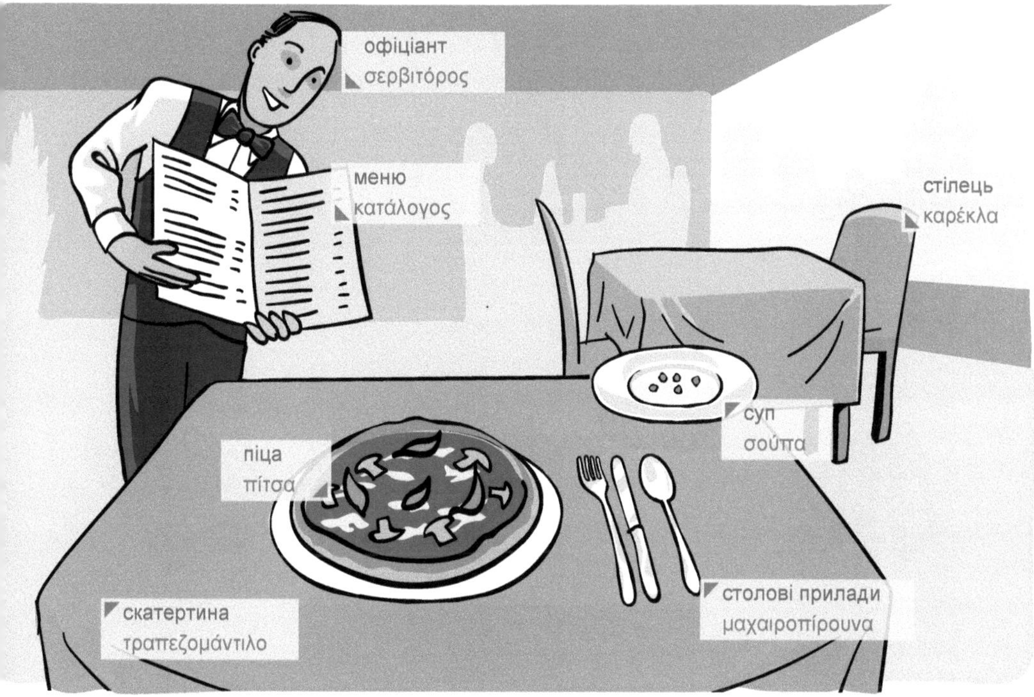
офіціант
σερβιτόρος
меню
κατάλογος
стілець
καρέκλα
суп
σούπα
піца
πίτσα
столові прилади
μαχαιροπίρουνα
скатертина
τραπεζομάντιλο

закуска

ορεκτικό

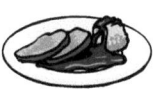

друга страва

κύριο πιάτο

десерт

επιδόρπιο

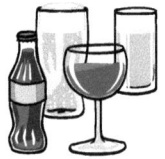

напої

ποτά

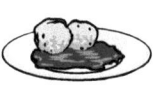

їжа

φαγητό

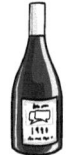

пляшка

μπουκάλι

фаст-фуд

φαστ φουντ

вулична їжа

φαγητό στ' όρθιο

чайник

τσαγιέρα

цукорниця

δοχείο ζάχαρης

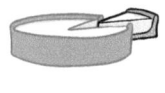

порція

μερίδα

еспресо-машина

μηχανή εσπρέσο

високий стільчик

ψηλή καρέκλα

рахунок

λογαριασμός

піднос

δίσκος

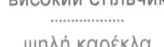

ніж

μαχαίρι

вилка

πιρούνι

ложка

κουτάλι

чайна ложка

κουταλάκι του τσαγιού

серветка

πετσέτα φαγητού

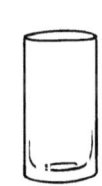

склянка

ποτήρι

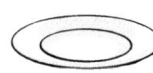

тарілка

πιάτο

тарілка для супу

πιάτο σούπας

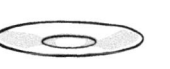

блюдце

πιατάκι φλιτζανιού

соус

σάλτσα

солонка

αλατιέρα

млин для перцю

μύλος για πιπέρι

оцет

ξύδι

масло

λάδι

спеції

μπαχαρικά

кетчуп

κέτσαπ

гірчиця

μουστάρδα

майонез

μαγιονέζα

супермаркет

σούπερ μάρκετ

пропозиція
προσφορά
FOR
клієнт
πελάτης
молочні продукти
γαλακτοκομικά προϊόντα
фрукти
φρούτα
візок для покупок
καρότσι για ψώνια

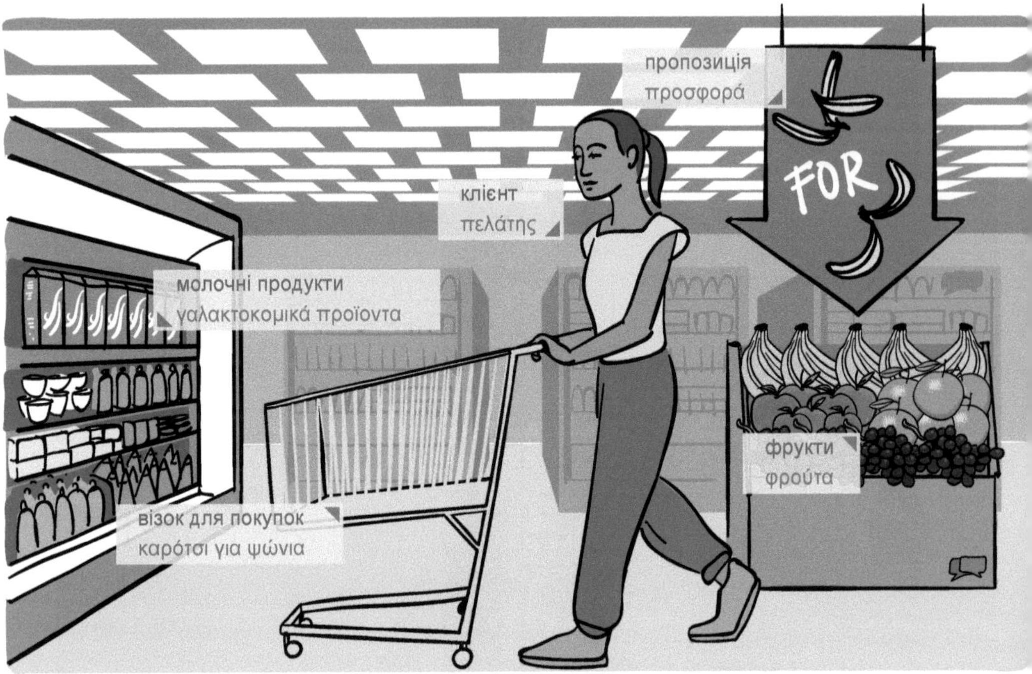

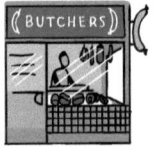

BUTCHERS

м'ясний магазин

κρεοπωλείο

BAKERY

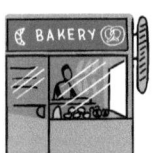

пекарня

φούρνος

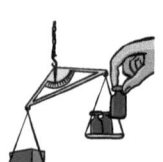

зважувати

ζυγίζω

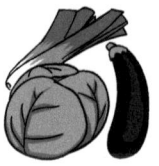

овочі

λαχανικά

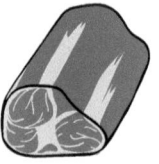

м'ясо

κρέας

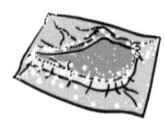

заморожені продукти

κατεψυγμένα τρόφιμα

ковбасна нарізка

αλλαντικά

консерви

κονσερβοποιημένη τροφή

пральний порошок

απορρυπαντικό ρούχων

солодощі

γλυκά

предмети домашнього побуту

οικιακά είδη

мийний засіб

καθαριστικά προϊόντα

продавщиця

πωλήτρια

каса

ταμείο

касир

ταμίας

список покупок

λίστα για ψώνια

часи роботи

ωράριο λειτουργίας

гаманець

πορτοφόλι

кредитна картка

πιστωτική κάρτα

сумка

τσάντα

поліетиленовий пакет

πλαστική σακούλα

вода

νερό

сік

χυμός

молоко

γάλα

кола

κóκα κóλα

вино

κρασί

пиво

μπίρα

алкоголь

αλκοόλ

какао

κακάο

чай

τσάι

кава

καφές

еспресо

εσπρέσο

капучіно

καπουτσίνο

банан

μπανάνα

яблуко

μήλο

апельсин

πορτοκάλι

кавун

πεπόνι

лимон

λεμόνι

морква

καρότο

часник

σκόρδο

бамбук

μπαμπού

цибуля

κρεμμύδι

гриб

μανιτάρι

горішки

ξηροί καρποί

локшина

νουντλς

спагеті

макарóνια

рис

ρύζι

салат

σαλάτα

картопля фрі

πατατάκια

смажена картопля

τηγανητές πατάτες

піца

πίτσα

гамбургер

χάμπουργκερ

бутерброд

σάντουιτς

шніцель

κοτολέτα

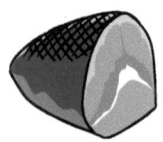

шинка

ζαμπόν

салямі

σαλάμι

ковбаса

λουκάνικο

курка

κοτόπουλο

печеня

ψητό

риба

ψάρι

вівсяні пластівці

χυλός βρώμης

мюслі

μούσλι

кукурудзяні пластівці

κορν φλέικς

борошно

αλεύρι

круасан

κρουασάν

булочка

ψωμάκι

хліб

ψωμί

тостовий хліб

τοστ

печиво

μπισκότα

масло

βούτυρο

сир

τυρόπηγμα

пиріг

κέικ

яйце

αυγό

яєчня

τηγανητό αυγό

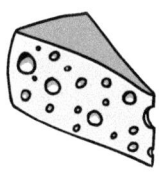

сир

τυρί

морозиво

παγωτό

цукор

ζάχαρη

мед

μέλι

мармелад

μαρμελάδα

нуга-крем

άλλειμμα σοκολάτας

карі

κάρυ

ферма

αγρόκτημα

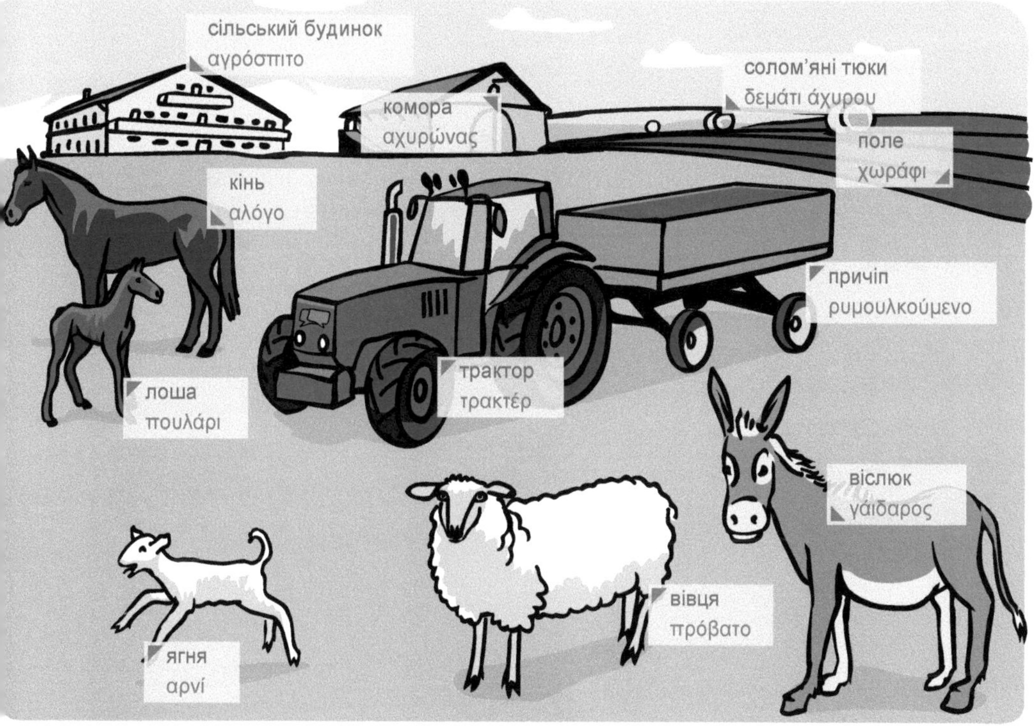

сільський будинок
αγρόσπιτο
комора
αχυρώνας
солом'яні тюки
δεμάτι άχυρου
поле
χωράφι
кінь
αλόγο
причіп
ρυμουλκούμενο
лоша
πουλάρι
трактор
τρακτέρ
віслюк
γάιδαρος
вівця
πρόβατο
ягня
αρνί

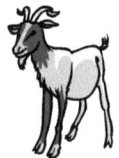

коза

κατσίκα

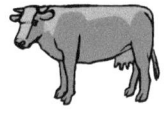

корова

αγελάδα

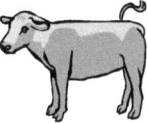

теля

μοσχαράκι

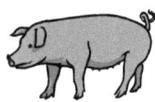

свиня

γουρούνι

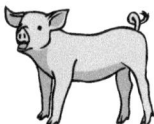

порося

γουρουνάκι

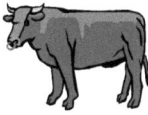

бик

ταύρος

гусак
χήνα

качка
πάπια

курча
κοτοπουλάκι

курка
κότα

півень
κόκορας

щур
αρουραίος

кіт
γάτα

миша
ποντίκι

віл
βόδι

собака
σκύλος

собача будка
σπιτάκι σκύλου

садовий шланг
λάστιχο κήπου

лійка
ποτιστήρι

коса
θεριστήρι

плуг
αλέτρι

серп

δρεπάνι

мотика

τσάπα

вила

δίκρανο

сокира

τσεκούρι

тачка

χειράμαξα

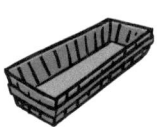

корито

ταΐστρα

бідон молока

δοχείο γάλακτος

мішок

σάκος

паркан

φράχτης

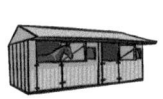

хлів

στάβλος

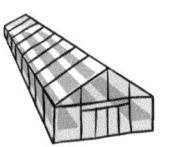

теплиця

θερμοκήπιο

ґрунт

έδαφος

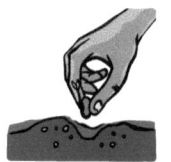

насіння

σπόρος

добриво

λίπασμα

комбайн

θεριζοαλωνιστική μηχανή

пожинати

θερίζω

урожай

συγκομιδή

корінь ямсу

γιαμς

пшениця

σιτάρι

соя

σόγια

картопля

πατάτα

кукурудза

καλαμπόκι

ріпак

κράμβη

плодове дерево

οπωροφόρο δέντρο

маніок

μανιόκα

злаки

δημητριακά

дім

σπίτι

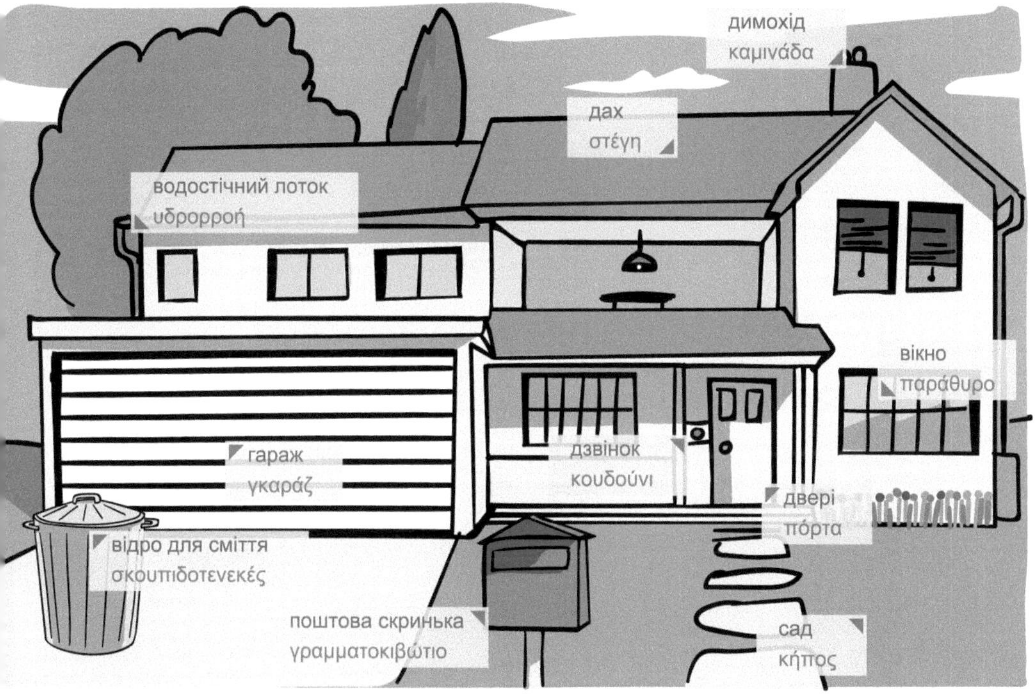

димохід
καμινάδα
дах
στέγη
водостічний лоток
υδρορροή
вікно
παράθυρο
гараж
γκαράζ
дзвінок
κουδούνι
двері
πόρτα
відро для сміття
σκουπιδοτενεκές
поштова скринька
γραμματοκιβώτιο
сад
κήπος

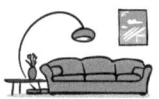

вітальня

σαλόνι

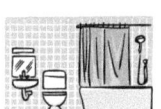

ванна кімната

μπάνιο

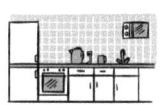

кухня

κουζίνα

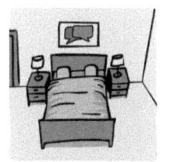

спальня

υπνοδωμάτιο

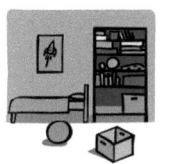

дитяча кімната

παιδικό δωμάτιο

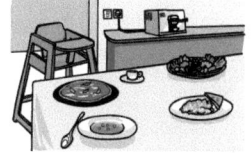

їдальня

τραπεζαρία

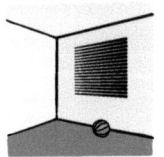

підлога

πάτωμα

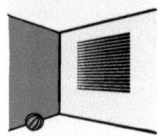

стіна

τοίχος

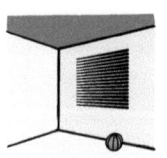

стеля

οροφή

підвал

κελάρι

сауна

σάουνα

балкон

μπαλκόνι

тераса

βεράντα

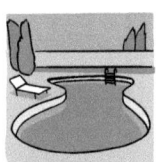

басейн

πισίνα

косарка

μηχανή του γκαζόν

простирало

σεντόνι

ковдра

κάλυμμα κρεβατιού

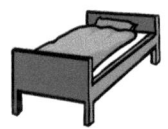

ліжко

κρεβάτι

мітла

σκούπα

відро

κουβάς

перемикач

διακόπτης

вітальня

σαλόνι

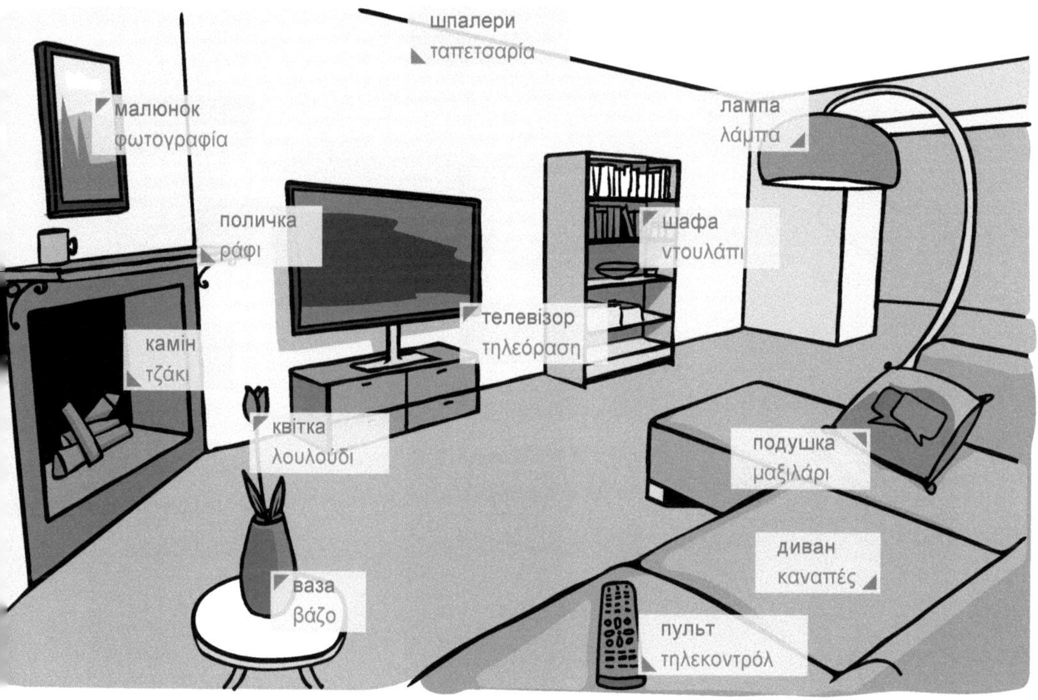

шпалери
ταπετσαρία
малюнок
φωτογραφία
лампа
λάμπα
поличка
ράφι
шафа
ντουλάπι
телевізор
τηλεόραση
камін
τζάκι
квітка
λουλούδι
подушка
μαξιλάρι
диван
καναπές
ваза
βάζο
пульт
τηλεκοντρόλ

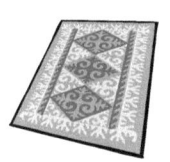

килим

χαλί

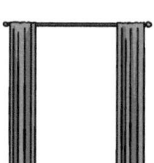

завіса

κουρτίνα

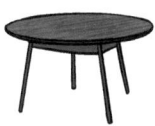

стіл

τραπέζι

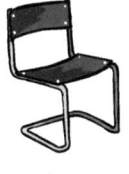

стілець

καρέκλα

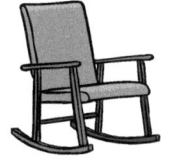

крісло-гойдалка

κουνιστή πολυθρόνα

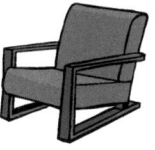

крісло

πολυθρόνα

книга
вiβλίο

ковдра
κουβέρτα

прикраса
διακόσμηση

дрова
καυσόξυλα

фільм
ταινία

стереосистема
στερεοφωνικό σύστημα

ключ
κλειδί

газета
εφημερίδα

картина
πίνακας ζωγραφικής

плакат
αφίσα

радіо
ραδιόφωνο

блокнот
σημειωματάριο

пилосос
ηλεκτρική σκούπα

кактус
κάκτος

свічка
κερί

кухня
κουζίνα

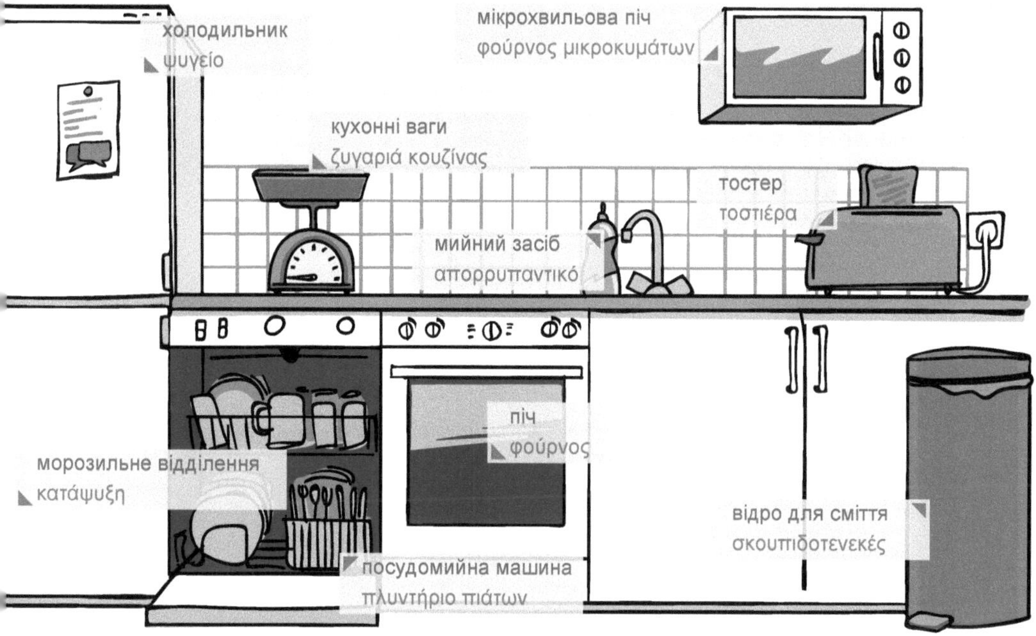
холодильник
ψυγείο
мікрохвильова піч
φούρνος μικροκυμάτων
кухонні ваги
ζυγαριά κουζίνας
тостер
τοστιέρα
мийний засіб
απορρυπαντικό
піч
φούρνος
морозильне відділення
κατάψυξη
відро для сміття
σκουπιδοτενεκές
посудомийна машина
πλυντήριο πιάτων

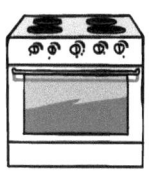

плита

κουζίνα

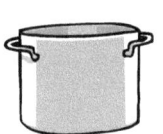

горщик

κατσαρόλα

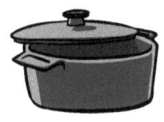

чавунний горщик

μαντεμένια κατσαρόλα

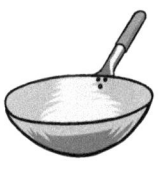

вок / кадай

γουόκ/καντάι

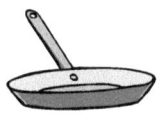

сковорода

τηγάνι

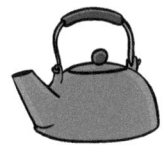

чайник

βραστήρας

пароварка

ατμομάγειρας

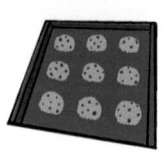

лист

ταψί

посуд

πιατικά

кухоль

κούπα

чаша

μπολ

палички для їжі

ξυλάκια

черпак

κουτάλα

лопатка

σπάτουλα

вінчик для збивання

ανακατεύω

сито

σουρωτήρι

сито

σουρωτηράκι

терка

τρίφτης

ступка

γουδί

барбекю

ψησταριά

багаття

ανοιχτή φωτιά

дошка

σανίδα κοπής

качалка

πλάστης

штопор

ανοιχτήρι φελλών

конзерва

κονσέρβα

відкривачка

ανοιχτήρι κονσέρβας

прихватки

γάντι φούρνου

раковина

νεροχύτης

щітка

βούρτσα

губка

σφουγγάρι

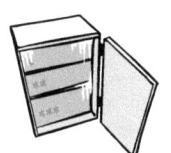

міксер

μπλέντερ

морозильна камера

καταψύκτης

дитяча пляшка

μπιμπερό

кран

βρύση

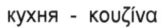

ванна кімната

μπάνιο

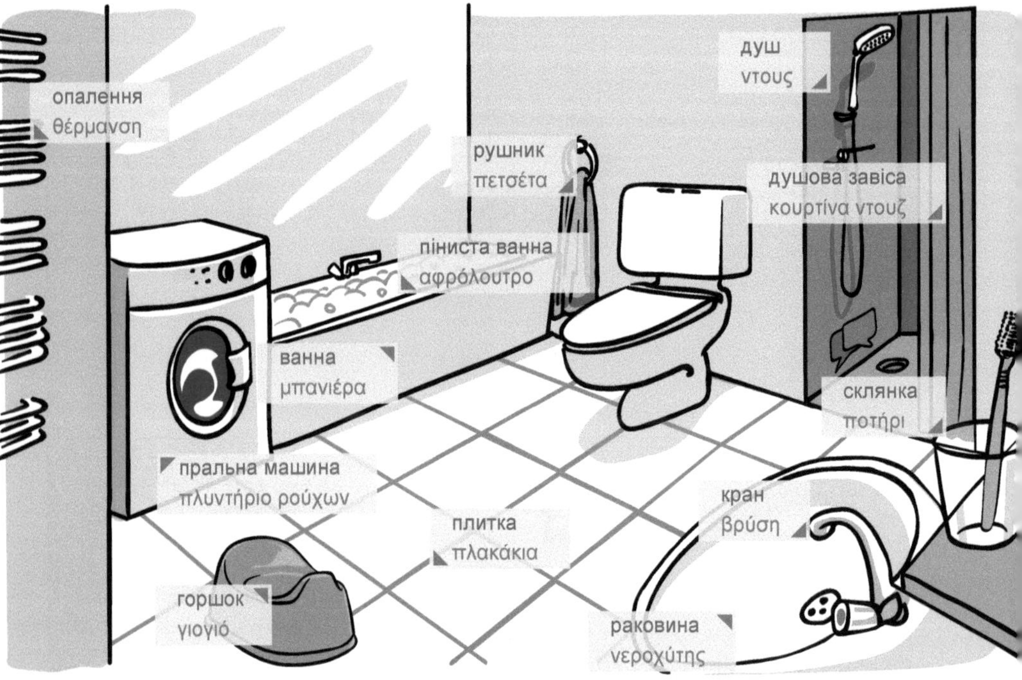

душ
ντους
опалення
θέρμανση
рушник
πετσέτα
душова завіса
κουρτίνα ντουζ
піниста ванна
αφρόλουτρο
ванна
μπανιέρα
склянка
ποτήρι
пральна машина
πλυντήριο ρούχων
кран
βρύση
плитка
πλακάκια
горшок
γιογιό
раковина
νεροχύτης

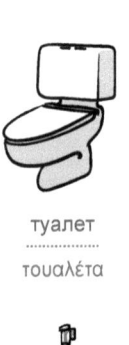

туалет

τουαλέτα

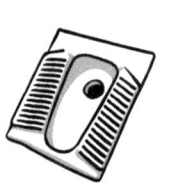

підлоговий туалет

τούρκικη τουαλέτα

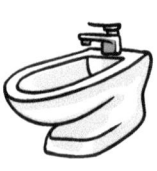

біде

μπιντές

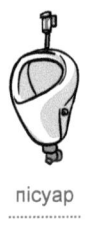

пісуар

ουρητήριο

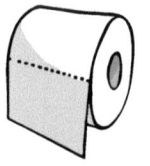

туалетний папір

χαρτί υγείας

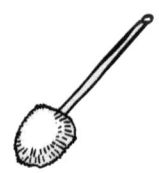

щітка для туалету

πιγκάλ

зубна щітка

οδοντόβουρτσα

зубна паста

οδοντόκρεμα

нитка для чищення зубів

οδοντικό νήμα

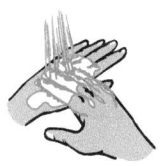

мити

πλένω

ручний душ

τηλέφωνο ντους

інтимний душ

ντουσιέρα

таз

λεκάνη

щітка для спини

βούρτσα πλάτης

мило

σαπούνι

гель для душу

αφρόλουτρο

шампунь

σαμπουάν

мочалка

φανέλα

водостік

σιφόνι

крем

κρέμα

дезодорант

αποσμητικό

дзеркало

καθρέφτης

косметичне дзеркало

καθρέφτης χειρός

бритва

ξυραφάκι

піна для гоління

αφρός ξυρίσματος

лосьйон після гоління

άφτερσέιβ

гребінь

χτένα

щітка

βούρτσα

фен

σεσουάρ

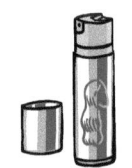

лак для волосся

λακ

косметика

μακιγιάζ

губна помада

κραγιόν

лак для нігтів

βερνίκι νυχιών

вата

βαμβάκι

ножиці для нігтів

ψαλίδι νυχιών

парфум

άρωμα

косметичка
νεσεσέρ

табурет
σκαμπό

ваги
ζυγαριά

халат
μπουρνούζι

гумові рукавички
ελαστικά γάντια

тампон
ταμπόν

гігієнічні прокладки
πετσέτα υγιεινής

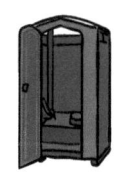

біотуалет
χημική τουαλέτα

дитяча кімната
παιδικό δωμάτιο

будильник
ξυπνητήρι
м'яка іграшка
λούτρινο ζωάκι
іграшковий автомобіль
αυτοκινητάκι
брязкальце
κουδουνίστρα
ляльковий будиночок
κουκλόσπιτο
подарунок
δώρο

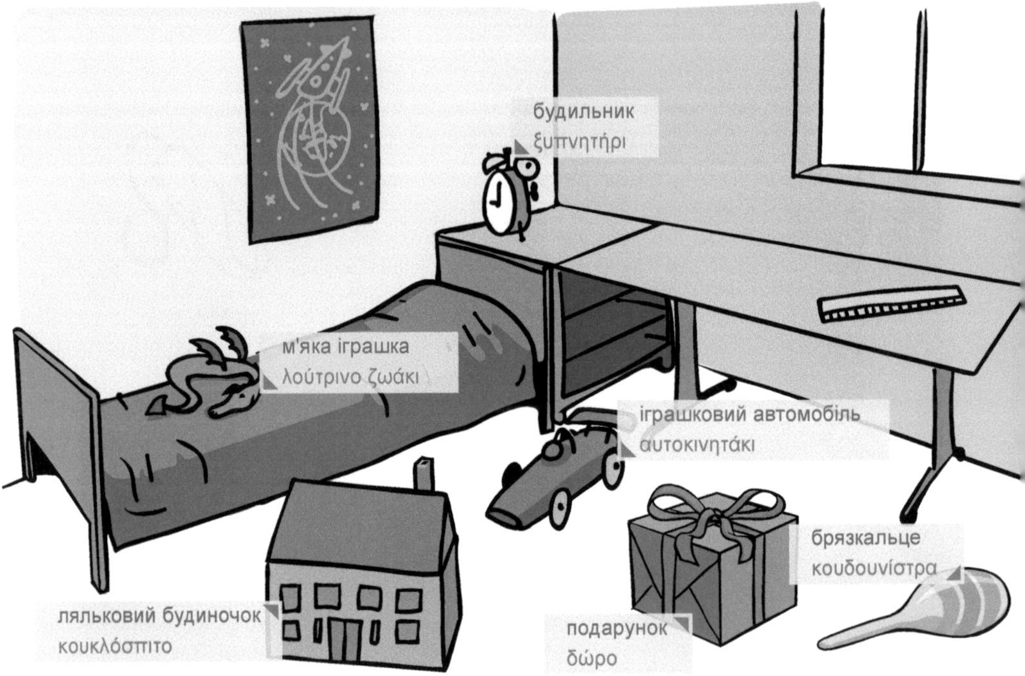

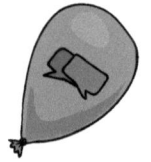

повітряна кулька

μπαλόνι

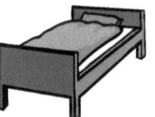

ліжко

κρεβάτι

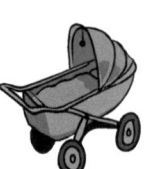

дитячий візок

καροτσάκι

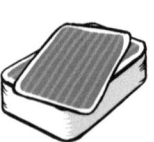

картярська гра

τράπουλα

пазл

παζλ

SUPER
MEGA

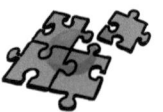

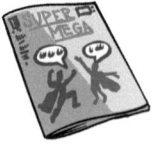

комікс

κόμικς

лего цеглинки

τουβλάκια lego

блоки

τουβλάκια κατασκευών

іграшкова фігурка

φιγούρα δράσης

повзунки

βρεφικό φορμάκι

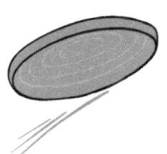

фризбі

φρίσμπι

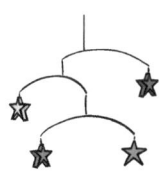

мобіле

μόμπιλο

настільна гра

επιτραπέζιο παιχνίδι

кубик

ζάρια

модель залізнична станція

σετ τρενάκι

соска

πιπίλα

вечірка

πάρτι

книжка з картинками

εικονογραφημένο βιβλίο

м'яч

μπάλα

лялька

κούκλα

грати

παίζω

пісочниця

σκάμμα με άμμο

гойдалка

κούνια

іграшка

παιχνίδια

гральна консоль

κονσόλα βιντεοπαιχνιδιών

триколісний велосипед

τρίκυκλο

плюшевий мішка

αρκουδάκι

шафа

ντουλάπα

одяг

ρούχα

шкарпетки

κάλτσες

панчохи

καλτσοδέτες

колготки

καλσόν

шарф
κασκόλ

парасоля
ομπρέλα

футболка
μπλουζάκι

ремінь
ζώνη

чоботи
μπότες

домашнє взуття
παντόφλες

кросівки
αθλητικά παπούτσια

сандалі
σανδάλια

взуття
παπούτσια

гумові чоботи
γαλότσες

труси
εσώρουχο

бюстгальтер
σουτιέν

нижня сорочка
φανέλα

одяг - ρούχα

45

боді

σώμα

штани

παντελόνι

джинси

τζιν παντελόνι

спідниця

φούστα

блузка

μπλούζα

сорочка

πουκάμισο

пуловер

πουλόβερ

светр

πουλόβερ

піджак

σακάκι

куртка

μπουφάν

пальто

παλτό

дощовик

αδιάβροχο πανωφόρι

костюм

κοστούμι

сукня

φόρεμα

весільна сукня

νυφικό

костюм

κοστούμι

нічна сорочка

νυχτικό

піжама

πιτζάμες

сарі

σάρι

головна хустка

μαντήλι

чалма

τουρμπάνι

бурка

μπούρκα

кафтан

καφτάνι

абая

μουσουλμανικό ένδυμα

купальник

ολόσωμο μαγιό

плавки

ανδρικό μαγιό

шорти

σορτς

тренувальний костюм

αθλητική φόρμα

фартух

ποδιά

рукавички

γάντια

гудзик

коумпí

окуляри

γυαλιά

браслет

βραχιόλι

ланцюг

περιδέραιο

кільце

δαχτυλίδι

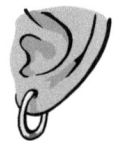

сережка

σκουλαρίκι

шапка

καπέλο

плічка

κρεμάστρα

капелюх

καπέλο

краватка

γραβάτα

застібка-блискавка

φερμουάρ

шолом

κράνος

підтяжки

τιράντες

шкільна форма

μαθητική στολή

уніформа

στολή

нагрудник

σαλιάρα

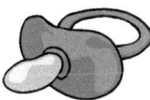

соска

πιπίλα

підгузок

πάνα

офіс
γραφείο

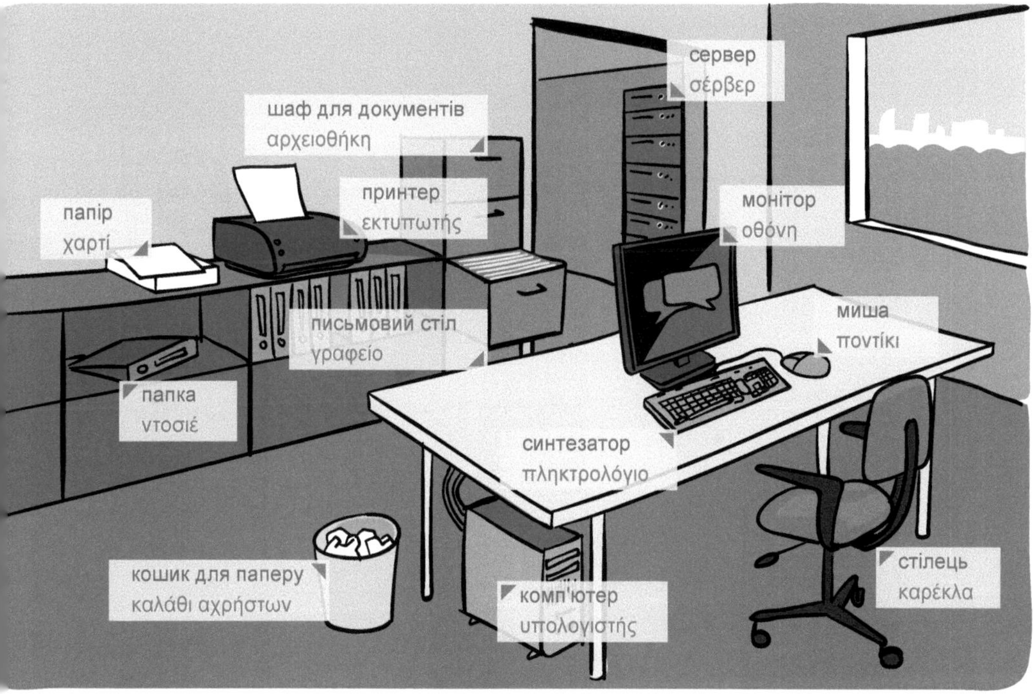

сервер
σέρβερ

шаф для документів
αρχειοθήκη

принтер
εκτυπωτής

монітор
οθόνη

папір
χαρτί

миша
ποντίκι

письмовий стіл
γραφείο

папка
ντοσιέ

синтезатор
πληκτρολόγιο

стілець
καρέκλα

кошик для паперу
καλάθι αχρήστων

комп'ютер
υπολογιστής

кавовий кухоль

κούπα του καφέ

калькулятор

κομπιουτεράκι

інтернет

ίντερνετ

ноутбук

λάπτοπ

лист

γράμμα

повідомлення

μήνυμα

мобільний телефон

κινητό

мережа

δίκτυο

копіювальний пристрій

φωτοτυπικό μηχάνημα

програмне забезпечення

λογισμικό

телефон

τηλέφωνο

розетка

πρίζα

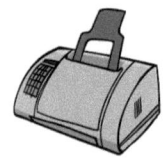

факс

συσκευή φαξ

бланк

έντυπο

документ

έγγραφο

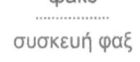

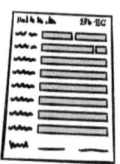
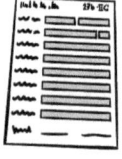
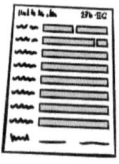
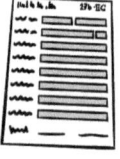
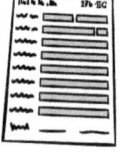
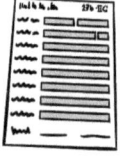
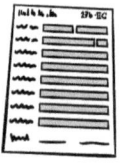
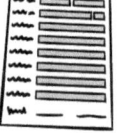
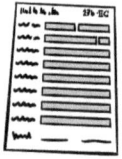

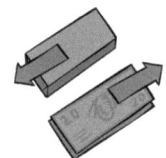

купувати

αγοράζω

платити

πληρώνω

торгувати

συναλλάσσομαι

гроші

χρήματα

долар

δολάριο

євро

ευρώ

ієна

γιεν

рубль

ρούβλι

франк

ελβετικό φράγκο

юанів женьміньбі

ρενμίνμπι γιουάν

рупія

ρουπία

банкомат

ATM (αυτόματη ταμειακή μηχανή)

обмінний пункт

ανταλλακτήρια συναλλάγματος

золото

χρυσός

срібло

ασήμι

нафта

πετρέλαιο

енергія

ενέργεια

ціна

τιμή

контракт

συμβόλαιο

податок

φόρος

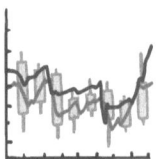

акція

μετοχή

працювати

δουλεύω

працівник

υπάλληλος

роботодавець

εργοδότης

фабрика

εργοστάσιο

магазин

κατάστημα

професії

επαγγέλματα

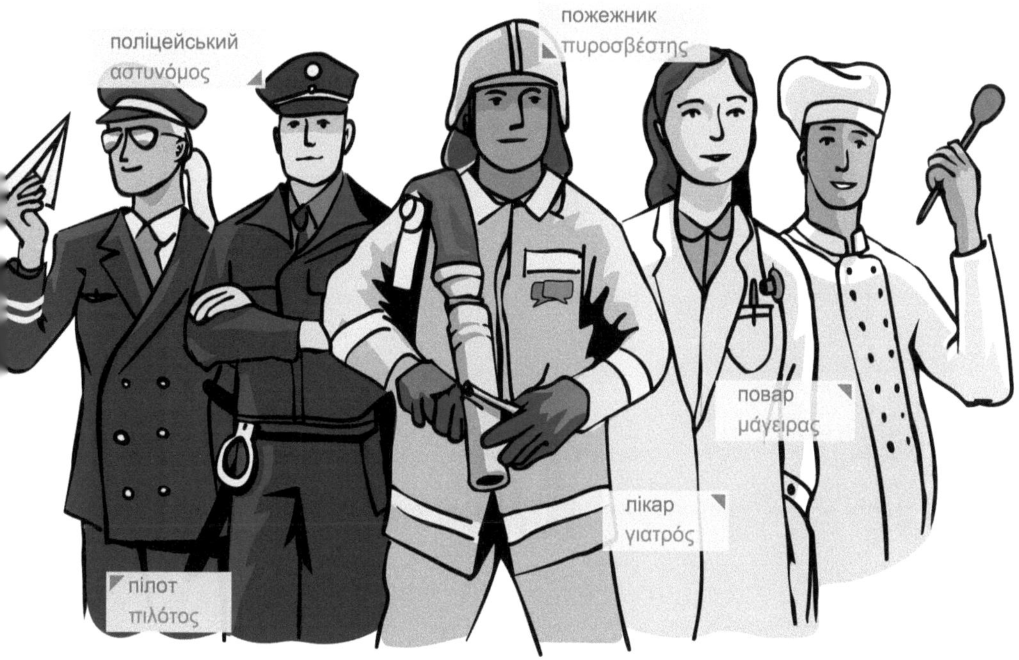
поліцейський
αστυνόμος
пожежник
πυροσβέστης
повар
μάγειρας
лікар
γιατρός
пілот
πιλότος

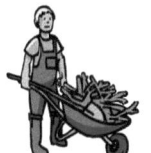

садівник

κηπουρός

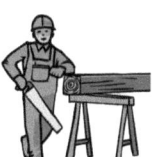

столяр

ξυλουργός

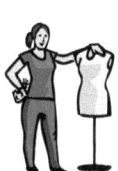

швачка

μοδίστρα

суддя

δικαστής

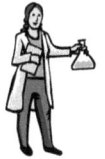

хімік

χημικός

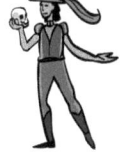

актор

ηθοποιός

водій автобуса

οδηγός λεωφορείου

таксист

ταξιτζής

рибалка

ψαράς

прибиральниця

καθαρίστρια

покрівельник

τεχνίτης στεγών

офіціант

σερβιτόρος

мисливець

κυνηγός

художник

ζωγράφος

пекар

αρτοποιός

електрик

ηλεκτρολόγος

будівельник

οικοδόμος

інженер

μηχανολόγος

забійник

κρεοπώλης

бляхар

υδραυλικός

листоноша

ταχυδρόμος

солдат
στρατιώτης

архітектор
αρχιτέκτονας

касир
ταμίας

флорист
ανθοπώλης

перукар
κομμωτής

кондуктор
ελεγκτής εισιτηρίων

механік
μηχανικός

капітан
καπετάνιος

дантист
οδοντίατρος

вчений
επιστήμονας

рабин
ραβίνος

імам
ιμάμης

монах
μοναχός

пастор
ιερέας

інструменти
εργαλεία

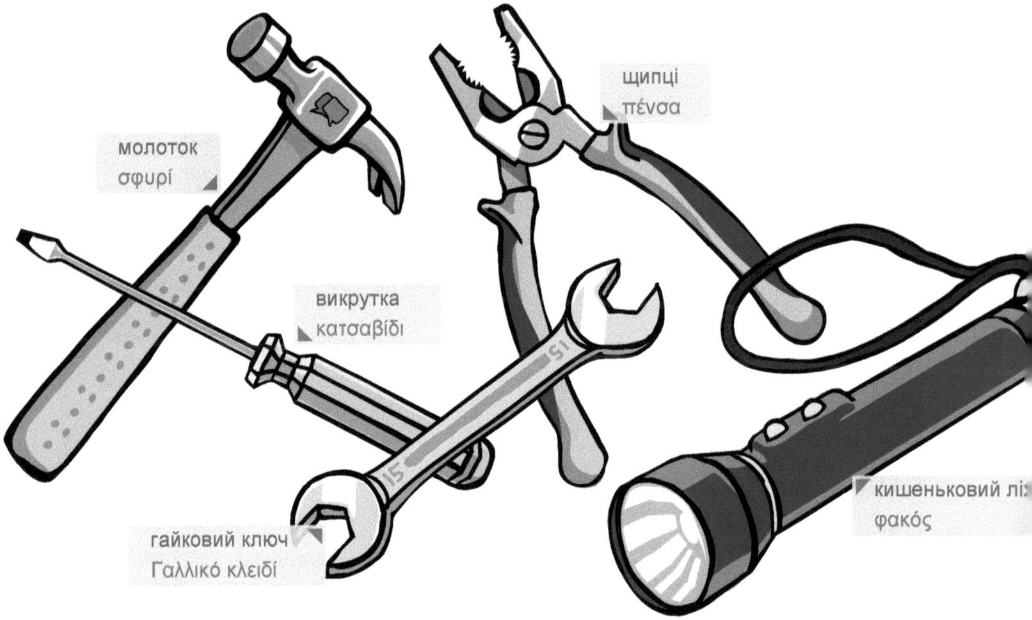

молоток
σφυρί
щипці
πένσα
викрутка
κατσαβίδι
гайковий ключ
Γαλλικό κλειδί
кишеньковий лі
φακός

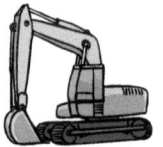

екскаватор

εκσκαφέας

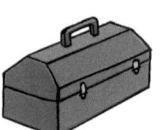

ящик для інструментів

εργαλειοθήκη

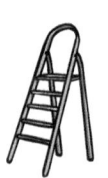

драбина

σκάλα

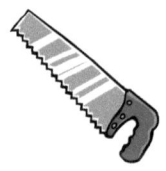

пилка

πριόνι

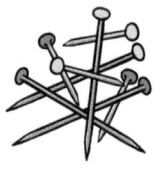

цвяхи

καρφιά

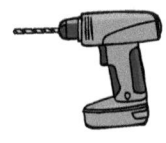

свердло

τρυπάνι

ремонтувати

επισκευάζω

лопата

φτυάρι

лайно!

Να πάρει!

совок

φαράσι

відро з фарбою

δοχείο χρωμάτων

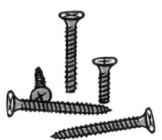

гвинти

βίδες

музичні інструменти
μουσικά όργανα

ударна установка
ντραμς

динамік
μεγάφωνο

контрабас
κοντραμπάσο

труба
τρομπέτα

гітара
κιθάρα

фортепіано
πιάνο

скрипка
βιολί

бас
μπάσο

литаври
τύμπανα

барабан
τύμπανο

клавіатура
πλήκτρα

саксофон
σαξόφωνο

флейта
φλάουτο

мікрофон
μικρόφωνο

зоопарк

ζωολογικός κήπος

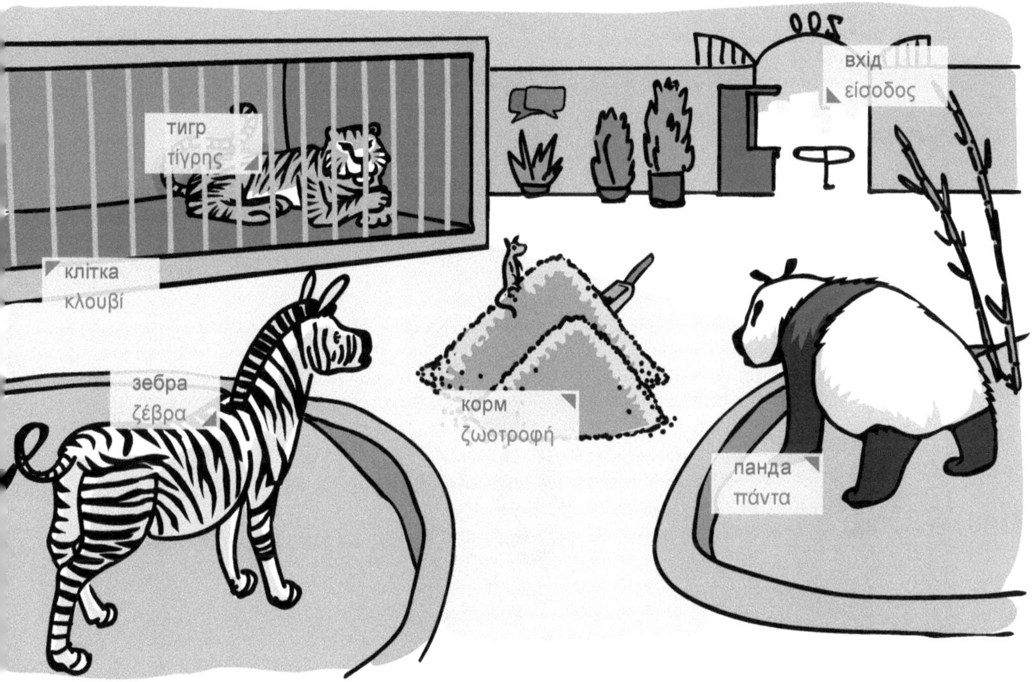
вхід
είσοδος
тигр
τίγρης
клітка
κλουβί
зебра
ζέβρα
корм
ζωοτροφή
панда
πάντα

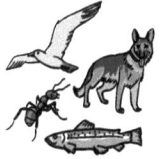

тварини

ζώα

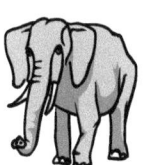

слон

ελέφαντας

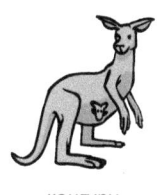

кенгуру

καγκουρό

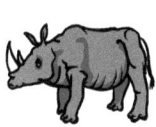

носоріг

ρινόκερος

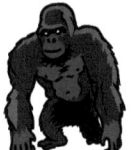

горила

γορίλας

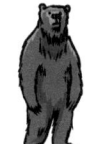

ведмідь

αρκούδα

верблюд

καμήλα

страус

στρουθοκάμηλος

лев

λιοντάρι

мавпа

πίθηκος

фламінго

φλαμίνγκο

папуга

παπαγάλος

білий ведмідь

πολική αρκούδα

пінгвін

πιγκουίνος

акула

καρχαρίας

павич

παγώνι

змія

φίδι

крокодил

κροκόδειλος

працівник зоопарку

φύλακας ζωολογικού κήπου

тюлень

φώκια

ягуар

τζάγκουαρ

поні
....
πόνυ

леопард
....
λεοπάρδαλη

гіпопотам
....
ιπποπόταμος

жираф
....
καμηλοπάρδαλη

орел
....
αετός

кабан
....
αγριογούρουνο

риба
....
ψάρι

черепаха
....
χελώνα

морж
....
θαλάσσιος ίππος

лисиця
....
αλεπού

газель
....
γαζέλα

американський футбол
Αμερικάνικο ποδόσφαιρο

їзда на велосипеді
ποδηλασία

теніс
αντισφαίριση

баскетбол
μπάσκετ

плавання
κολύμβηση

бокс
πυγμαχία

хокей
χόκεϊ επί πάγου

футбол
ποδόσφαιρο

бадмінтон
μπάντμιντον

легка атлетика
στίβος

гандбол
χάντμπολ

лижні перегони
σκι

поло
πόλο

стрибати
πηδάω

сміятися
γελάω

обіймати
αγκαλιάζω

співати
τραγουδάω

йти
περπατάω

молитися
προσεύχομαι

цілувати
φιλάω

мріяти
ονειρεύομαι

писати
γράφω

малювати
σχεδιάζω

показувати
δείχνω

тиснути
πιέζω

давати
δίνω

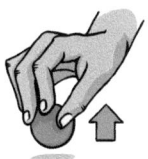

брати
παίρνω

мати

έχω

робити

κάνω

бути

είμαι

стояти

στέκομαι

бігати

τρέχω

тягнути

τραβάω

кидати

ρίχνω

падати

πέφτω

лежати

ξαπλώνω

очікувати

περιμένω

носити

κουβαλώ

сидіти

κάθομαι

одягати

φοράω

спати

κοιμάμαι

просипатися

ξυπνάω

дивитися

κοιτάω

плакати

κλαίω

гладити

χαϊδεύω

розчісувати

χτενίζω

розмовляти

μιλάω

розуміти

καταλαβαίνω

питати

ρωτάω

слухати

ακούω

пити

πίνω

їсти

τρώω

прибирати

συγυρίζω

любити

αγαπάω

варити

μαγειρεύω

їхати

οδηγώ

літати

πετάω

дії - δραστηριότητες

йти під вітрилом

κάνω ιστιοπλοΐα

рахувати

υπολογίζω

читати

διαβάζω

вчитися

μαθαίνω

працювати

δουλεύω

одружуватися

παντρεύομαι

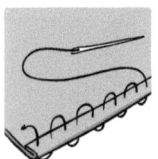

шити

ράβω

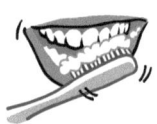

чистити зуби

βουρτσίζω τα δόντια

убивати

σκοτώνω

курити

καπνίζω

посилати

στέλνω

сім'я
οικογένεια

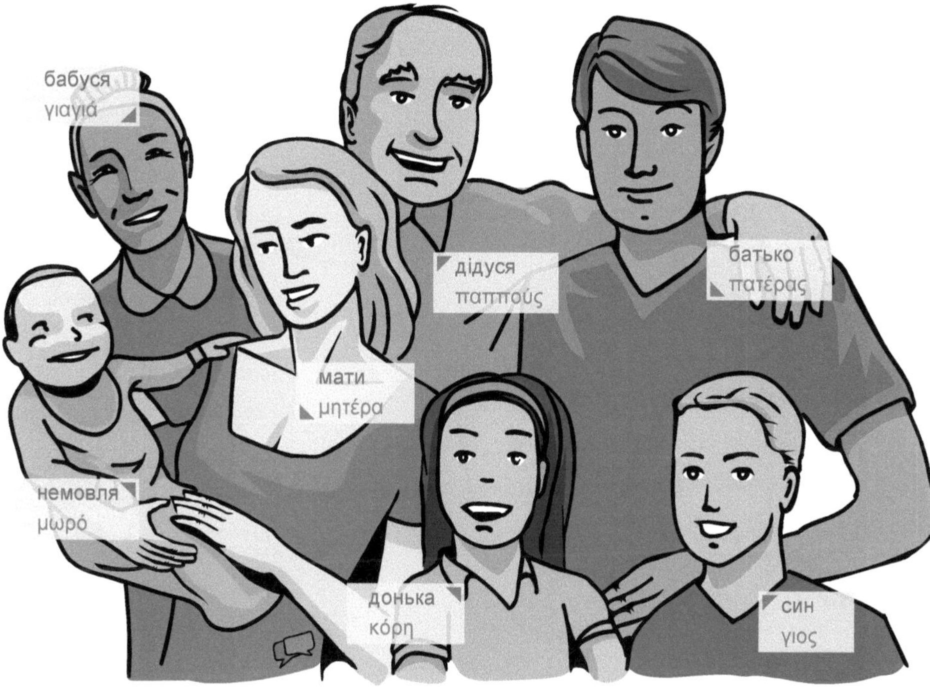
бабуся
γιαγιά
дідуся
παππούς
батько
πατέρας
мати
μητέρα
немовля
μωρό
донька
κόρη
син
γιος

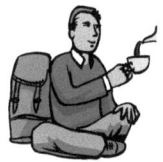

гість
καλεσμένος

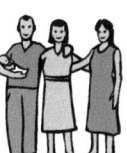

тітка
θεία

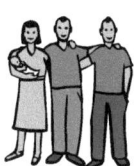

дядько
θείος

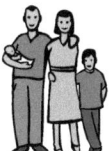

брат
αδελφός

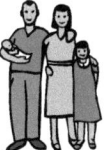

сестра
αδελφή

тіло
σώμα

чоло
μέτωπο
око
μάτι
плече
ώμος
палець
δάχτυλο
обличчя
πρόσωπο
підборіддя
πιγούνι
кисть
χέρι
нога
πόδι
груди
στήθος
рука
βραχίονας

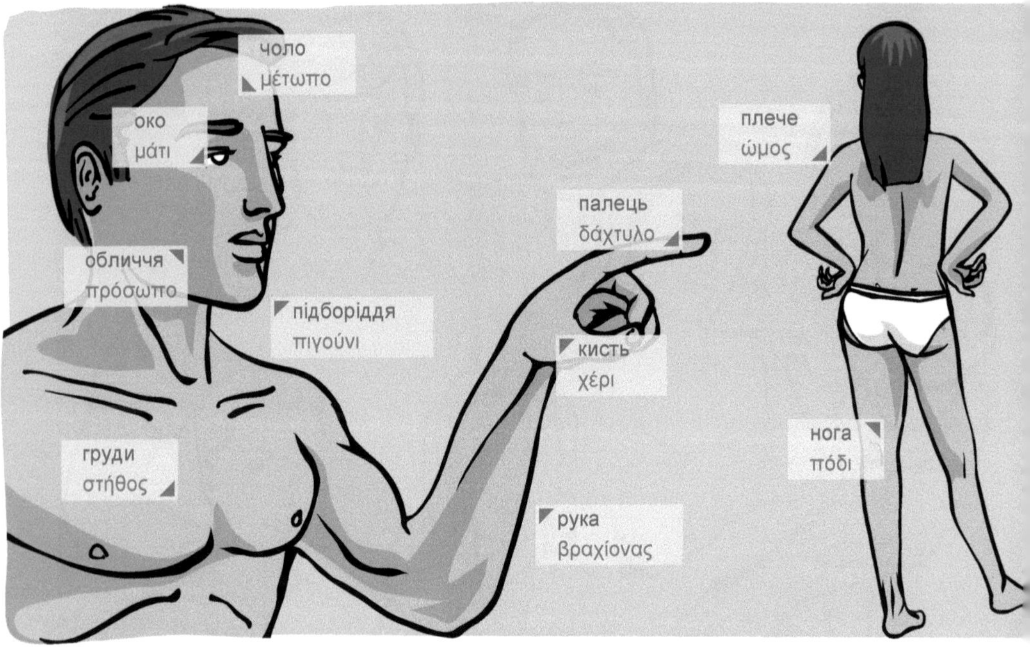

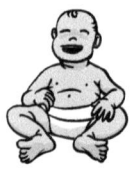

немовля

μωρό

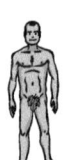

чоловік

άνδρας

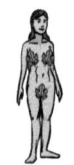

жінка

γυναίκα

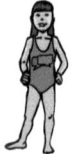

дівчина

κορίτσι

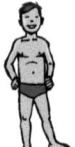

хлопчик

αγόρι

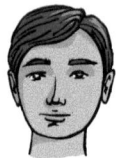

голова

κεφάλι

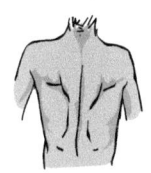

спина

плátη

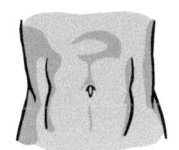

живіт

коιλιá

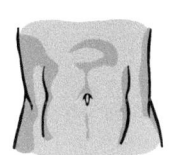

пуп

αφαλός

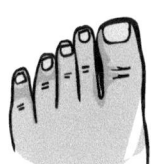

палець ноги

δáχτυλο ποδιού

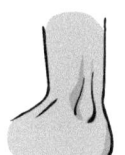

п'ята

φτέρνα

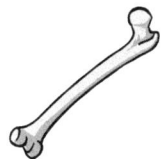

кістка

κόκκαλο

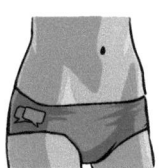

стегно

γοφός

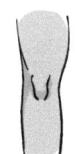

коліно

γόνατο

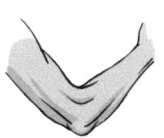

лікоть

αγκώνας

ніс

μύτη

сідниці

γλουτός

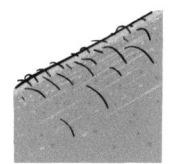

шкіра

δέρμα

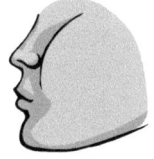

щока

μάγουλο

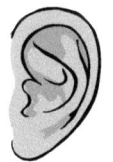

вухо

αυτί

губа

χείλος

рот
....
στόμα

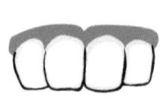

зуб
....
δόντι

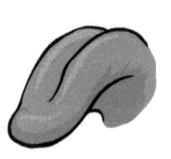

язик
....
γλώσσα

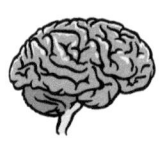

мозок
....
εγκέφαλος

серце
....
καρδιά

м'яз
....
μυς

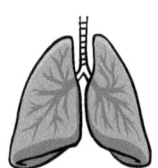

легені
....
πνεύμονας

печінка
....
συκώτι

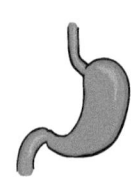

шлунок
....
στομάχι

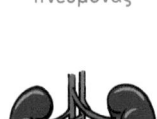

нирки
....
νεφρά

статевий акт
....
σεξουαλική επαφή

презерватив
....
προφυλακτικό

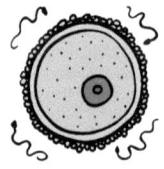

яйцеклітина
....
ωάριο

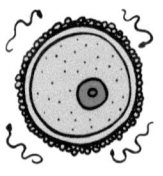

сперма
....
σπέρμα

вагітність
....
εγκυμοσύνη

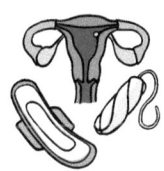

менструація

періодос

περίοδος

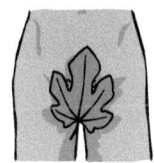

вагіна

γυναικείος κόλπος

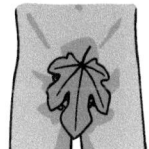

пеніс

πέος

брова

φρύδι

волосся

μαλλιά

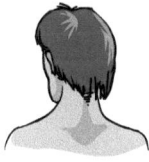

шия

λαιμός

лікарня

νοσοκομείο

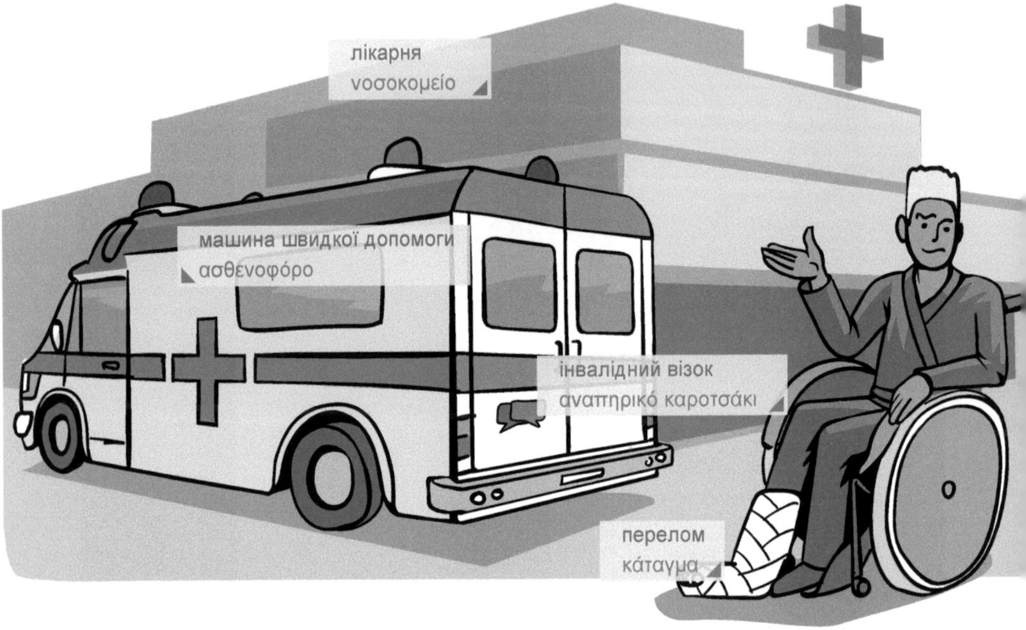

лікарня
νοσοκομείο
машина швидкої допомоги
ασθενοφόρο
інвалідний візок
αναπηρικό καροτσάκι
перелом
κάταγμα

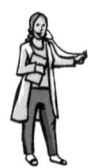

лікар

γιατρός

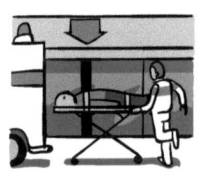

відділення швидкої медичної допомоги

μονάδα εντατικής θεραπείας

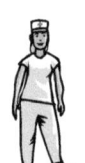

медсестра

νοσοκόμα

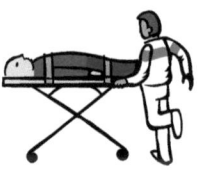

аварійний випадок

έκτακτη ανάγκη

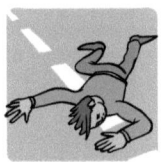

непритомний

λιπόθυμος

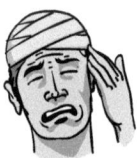

біль

πόνος

травма

τραύμα

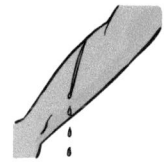

кровотеча

αιμορραγία

інфаркт

έμφραγμα

інсульт

εγκεφαλικό

алергія

αλλεργία

кашель

βήχας

лихоманка

πυρετός

грип

γρίπη

пронос

διάρροια

головна біль

πονοκέφαλος

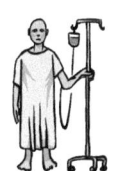

рак

καρκίνος

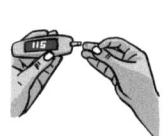

діабет

διαβήτης

хірург

χειρουργός

скальпель

νυστέρι

операція

εγχείρηση

КТ

αξονική τομογραφία

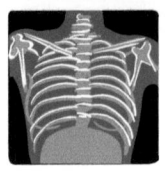

рентген

ακτινογραφία

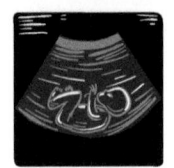

ультразвук

υπέρηχος

маска

μάσκα

хвороба

ασθένεια

зал очікування

αίθουσα αναμονής

милиця

πατερίτσα

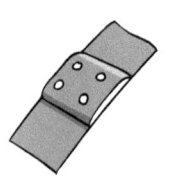

пластир

χάνσαπλαστ

пов'язка

επίδεσμος

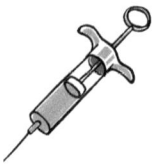

ін'єкція

ένεση

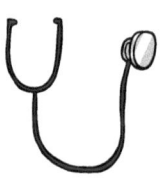

стетоскоп

στηθοσκόπιο

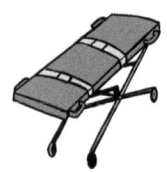

ноші

φορείο

термометр

θερμόμετρο

народження

γέννηση

надмірна вага

υπέρβαρο

слуховий апарат

ακουστικό βαρηκοΐας

дезінфікуючий засіб

αντισηπτικό

інфекція

λοίμωξη

вірус

ιός

ВІЛ / СНІД

HIV/AIDS

медицина

φάρμακο

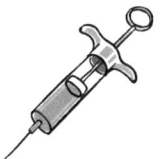

вакцинація

εμβολιασμός

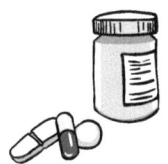

таблетки

δισκία

протизаплідна пігулка

χάπι

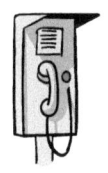

екстрений виклик

κλήση έκτακτης ανάγκης

тонометр

πιεσόμετρο αίματος

хворий / здоровий

άρρωστος / υγιής

сигнал тривоги

συναγερμός

напад

βιαιοπραγία

Допоможіть!

Βοήθεια!

атака

επίθεση

небезпека

κίνδυνος

аварійний вихід

έξοδος κινδύνου

Вогонь!

Φωτιά!

вогнегасник

πυροσβεστήρας

аварія

ατύχημα

аптечка

κουτί πρώτων βοηθειών

COC

SOS

поліція

αστυνομία

Європа

Ευρώπη

Північна Америка

Βόρεια Αμερική

Південна Америка

Νότια Αμερική

Африка

Αφρική

Азія

Ασία

Австралія

Αυστραλία

Атлантика

Ατλαντικός Ωκεανός

Тихий океан

Ειρηνικός Ωκεανός

Індійський океан

Ινδικός Ωκεανός

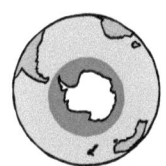

Антарктичний океан

Ανταρκτικός Ωκεανός

Північний Льодовитий
океан

Αρκτικός Ωκεανός

Північний полюс

Βόρειος Πόλος

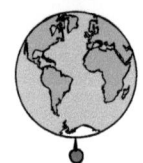

Південний полюс

Νότιος Πόλος

Антарктика

Ανταρκτική

Земля

Γη

суша

γη

море

θάλασσα

острів

νησί

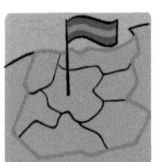

нація

έθνος

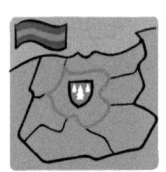

держава

πολιτεία

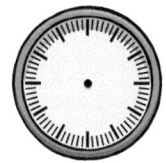

циферблат

κантрáν ρολογιοú

годинникова стрілка

ωροδείκτης

хвилинна стрілка

λεπτοδείκτης

секундна стрілка

δείκτης δευτερολέπτων

Котра година?

Τι ώρα είναι;

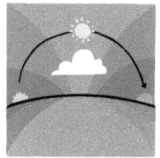

день

ημέρα

час

χρόνος

зараз

τώρα

цифровий годинник

ψηφιακό ρολόι

хвилина

λεπτό

година

ώρα

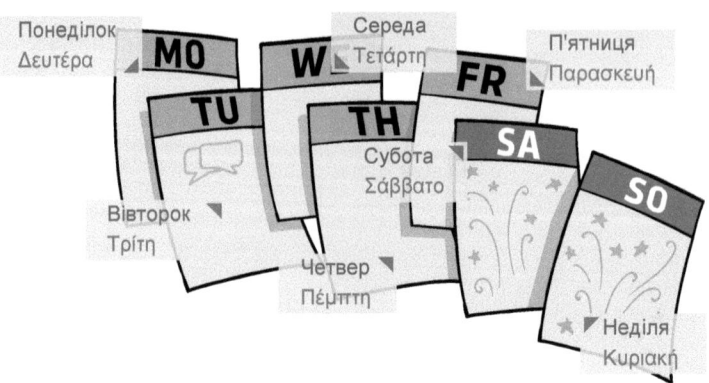

Понеділок
Δευτέρα

Середа
Τετάρτη

П'ятниця
Παρασκευή

Вівторок
Τρίτη

Четвер
Πέμπτη

Субота
Σάββατο

Неділя
Κυριακή

вчора
....
χθες

сьогодні
....
σήμερα

завтра
....
αύριο

ранок
....
πρωί

опівдні
....
μεσημέρι

вечір
....
βράδυ

робочі дні
....
εργάσιμες ημέρες

кінець робочого тижня
....
Σαββατοκύριακο

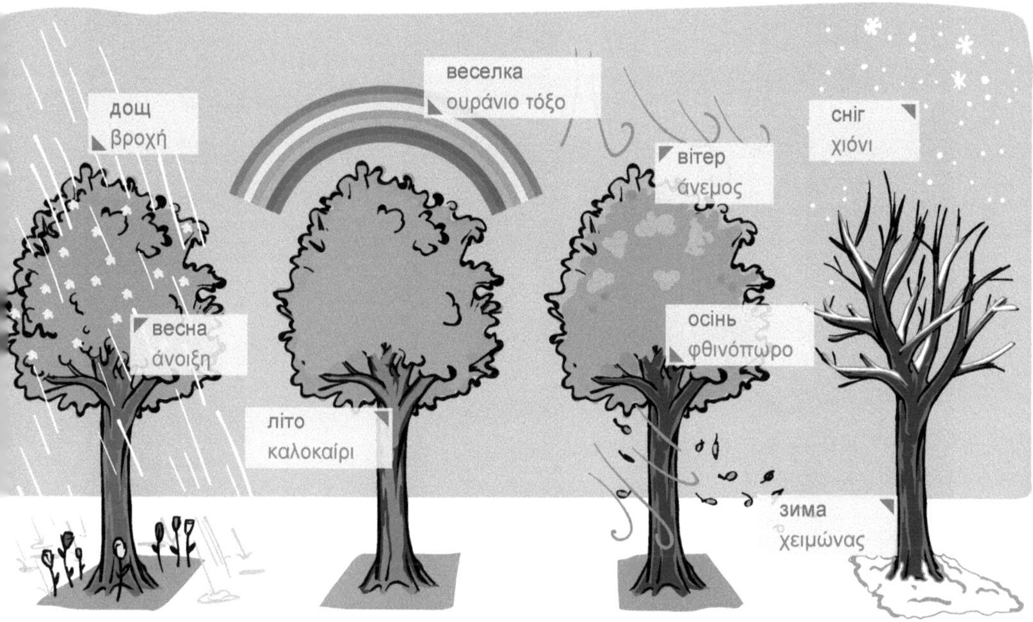

дощ
βροχή
веселка
ουράνιο τόξο
сніг
χιόνι
вітер
άνεμος
весна
άνοιξη
осінь
φθινόπωρο
літо
καλοκαίρι
зима
χειμώνας

4.APRIL 11°
5.APRIL 4°
6.APRIL 13°
7.APRIL 8°
8.APRIL 10°

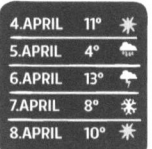

прогноз погоди

πρόγνωση καιρού

F C
120 40
90 30
60 20
30 10
0 0
-30 -10
-20

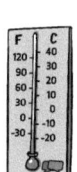

термометр

θερμόμετρο

сонячне світло

λιακάδα

хмара

σύννεφο

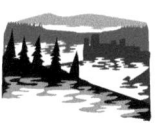

туман

ομίχλη

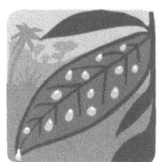

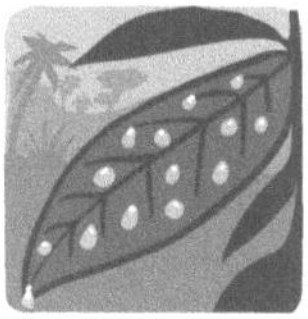

вологість повітря

υγρασία

блискавка

αστραπή

грім

κεραυνός

шторм

καταιγίδα

град

χαλάζι

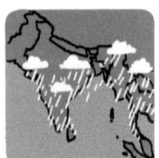

мусон

μουσώνας

повінь

πλημμύρα

лід

πάγος

Січень

Ιανουάριος

Лютий

Φεβρουάριος

Березень

Μάρτιος

Квітень

Απρίλιος

Травень

Μάιος

Червень

Ιούνιος

Липень

Ιούλιος

Серпень

Αύγουστος

рік - έτος

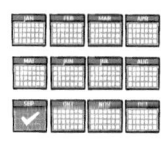

Вересень

Σεπτέμβριος

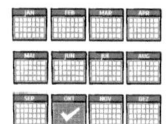

Жовтень

Οκτώβριος

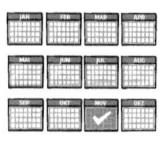

Листопад

Νοέμβριος

Грудень

Δεκέμβριος

форми
σχήματα

круг

κύκλος

квадрат

τετράγωνο

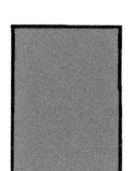

прямокутник

ορθογώνιο
παραλληλόγραμμο

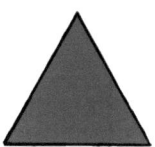

трикутник

τρίγωνο

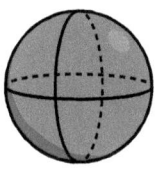

куля

σφαίρα

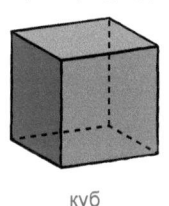

куб

κύβος

білий
....
άσπρο

жовтий
....
κίτρινο

помаранчевий
....
πορτοκαλί

рожевий
....
ροζ

червоний
....
κόκκινο

фіолетовий
....
μωβ

синій
....
μπλε

зелений
....
πράσινο

коричневий
....
καφέ

сірий
....
γκρι

чорний
....
μαύρο

багато / мало

πολύ / λίγο

лютий / мирний

θυμωμένος / ήρεμος

гарний / бридкий

όμορφος / άσχημος

початок / кінець

αρχή / τέλος

великий / малий

μεγάλος / μικρός

світлий / темний

φωτεινός / σκοτεινός

брат / сестра

αδελφός / αδελφή

чистий / брудний

καθαρός / λερωμένος

завершений / незавершений

πλήρης / ατελής

день / ніч

ημέρα / νύχτα

мертвий / живий

νεκρός / ζωντανός

широкий / вузький

φαρδύς / στενός

їстівний / неїстівний

βρώσιμος / μη βρώσιμος

злий / дружній

κακός / ευγενικός

збуджений / нудьгуючий

ενθουσιασμένος /
βαριεστημένος

товстий / тонкий

παχύς / λεπτός

спочатку / востаннє

πρώτος / τελευταίος

друг / ворог

φίλος / εχθρός

повний / порожній

γεμάτος / άδειος

жорсткий / м'який

σκληρός / μαλακός

важкий / легкий

βαρύς / ελαφρύς

голод / спрага

πείνα / δίψα

хворий / здоровий

άρρωστος / υγιής

незаконний / законний

παράνομος / νόμιμος

розумний / дурний

έξυπνος / χαζός

вліво / вправо

αριστερός / δεξιός

поруч / далеко

κοντινός / μακρινός

новий / використаний

καινούριος /
μεταχειρισμένος

нічого / щось

τίποτα / κάτι

старий / молодий

γέρος | νέος

вкл / викл

αναμμένος / σβηστός

відкрито / закрито

ανοιχτός / κλειστός

тихо / гучно

χαμηλόφωνος /
μεγαλόφωνος

багатий / бідний

πλούσιος / φτωχός

правильно / неправильно

σωστός / λανθασμένος

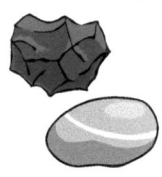

шорсткий / гладкий

τραχύς / λείος

сумний / щасливий

λυπημένος / χαρούμενος

короткий / довгий

κοντός / μακρύς

повільно / швидко

αργός / γρήγορος

вологий / сухий

υγρός / στεγνός

гарячий / холодний

ζεστός / δροσερός

війна / мир

πόλεμος / ειρήνη

0

нуль

μηδέν

1

один

ένα

2

два

δύο

3

три

τρία

4

чотири

τέσσερα

5

п'ять

πέντε

6

шість

έξι

7

сім

εφτά

8

вісім

οκτώ

9

дев'ять

εννιά

10

десять

δέκα

11

одинадцять

έντεκα

12
дванадцять

δώδεκα

13
тринадцять

δεκατρία

14
чотирнадцять

δεκατέσσερα

15
п'ятнадцять

δεκαπέντε

16
шістнадцять

δεκαέξι

17
сімнадцять

δεκαεφτά

18
вісімнадцять

δεκαοκτώ

19
дев'ятнадцять

δεκαεννέα

20
двадцять

είκοσι

100
сто

εκατό

1.000
тисяча

χίλια

1.000.000
мільйон

εκατομμύριο

англійська

Αγγλικά

американська англійська

Αμερικάνικα Αγγλικά

китайська
високочиновницька

Μανδαρίνικα Κινέζικα

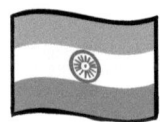

хінді

Χίντι

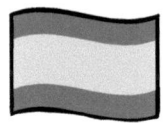

іспанська

Ισπανικά

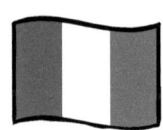

французька

Γαλλικά

арабська

Αραβικά

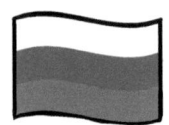

російська

Ρώσικα

португальська

Πορτογαλικά

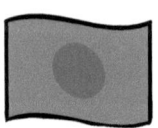

бенгальська

Μπενγκάλι

німецька

Γερμανικά

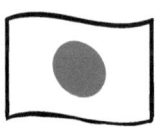

японська

Ιαπωνικά

я
εγώ

ти
εσύ

він / вона / воно
αυτός / αυτή / αυτό

ми
εμείς

ви
εσείς

вони
αυτοί / αυτές / αυτά

хто?
ποιος / ποια / ποιο;

що?
τι;

як?
πώς;

де?
πού;

коли?
πότε;

ім'я
όνομα

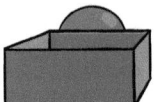

ззаду
....
πίσω

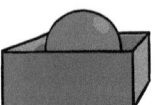

в
....
μέσα

перед
....
μπροστά

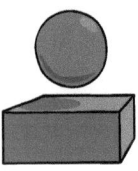

над
....
πάνω από

на
....
πάνω

під
....
κάτω

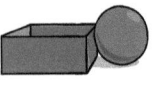

біля
....
δίπλα

між
....
ανάμεσα

місце
....
μέρος

.